2024

# L'incontaminata origine egiziana

## L'importanza dell'Antico Egitto

## Moustafa Gadalla

# CONTENUTI

1

# L'AUTORE

---

Moustafa Gadalla è un egittologo egiziano-americano indipen-dente nato al Cairo, in Egitto, nel 1944. Ha conseguito una laurea in ingegneria civile presso l'Università del Cairo.

Fin dalla prima infanzia, Gadalla persegue con passione le sue radici dell'Antico Egitto, attraverso lo studio e la ricerca continui. Dal 1990 si dedica e concentra tutto il suo tempo alla ricerca e alla scrittura.

Gadalla è l'autore di ventidue libri di fama internazionale pub-blicati sui vari aspetti della storia e della civiltà dell'antico Egitto e le sue influenze in tutto il mondo. Inoltre gestisce un centro di risorse multimediali per studi accurati ed educativi dell'Antico Egitto, presentati in modo coinvolgente, pratico e interessante che attrae il grande pubblico.

È stato il fondatore della Tehuti Research Foundation che è stata successivamente incorporata nel multilingue Egyptian Wisdom Center (https://www.egyptianwisdomcenter.org) in più di dieci lingue. Il sito web include anche un'altra attività in corso che include la sua creazione e produzione di progetti di arti performative come 'Isis Rises Operetta', 'Horus The Initiate Operetta'; 'Egyptian Goddesses Operetta'; e alcune altre produzioni a seguire.

2

## PREFAZIONE DI PAUL JEFFELS

---

In tutto il mondo antico, fin quasi alla caduta dell'Impero Romano, l'Egitto era considerato la culla della civiltà. Durante i secoli bui e il Medioevo, cristiani e musulmani si adoperarono strenuamente per sradicare *l'eredità culturale* dell'Egitto. La loro arma principale era vietare la conoscenza della scrittura e della lingua egizia.

Ciononostante, negli scritti classici sopravvissero così tante narrazioni greche e romane delle glorie dell'Egitto, che i loro fallaci sforzi servirono solo ad aumentare l'interesse nei circoli filosofici, e a creare un alone di mistero intorno alla saggezza e alla cultura egizia e a considerarle alla stregua di un frutto proibito.

Questo interesse venne accresciuto dalla considerazione che si aveva dell'Egitto negli scritti classici come terra della magia, e dai numerosi riferimenti all'Egitto nella Bibbia cristiana.

Inoltre, nei circoli filosofici sarebbero stati ritrovati molti riferimenti ai "testi ermetici", dei quali, fino al XVI secolo, esistevano solo versioni parziali in latino. Giunti a quell'epoca, la ricerca dei testi completi da parte degli studiosi proseguiva ormai da mille anni. Il ritrovamento delle versioni greche di quasi tutti i testi fece scalpore ed ebbe una grande influenza sul Rinascimento.

I testi ermetici sono depositari della saggezza egizia con una influenza greca, scritti (probabilmente) ad Alessandria intorno al 200 d.C. L'autenticità di questi testi fu messa in dubbio a partire dal XVII secolo. Ma quando furono decifrati gli aspetti esoterici della scrittura egizia, nel XIX secolo, fu evidente che contenevano una forte componente egizia, ragion per cui si iniziò un processo di rivalutazione dell'influenza della cultura e della saggezza degli Egizi sulla società e sul pensiero odierno.

**Valori civilizzati**

La cultura egizia si basava su Maat, la giustezza dell'universo. Si potrebbe descrivere Maat come "colei che sostiene il Principio dell'Essere". Gli Egizi credevano in un universo animato, in cui il Principio dell'Essere rappresentava l'aspetto più evidente dell'unico grande Dio. Di conseguenza fondarono la loro società sulla base della funzione di Maat: sostenere il Principio dell'Essere.

A tal fine essi furono i primi ad abolire il sacrificio umano e a sancire per legge il concetto che ogni essere umano ha diritto alla vita. Questo implicava che erano severamente puniti l'omicidio e i crimini violenti contro l'individuo, e che lo Stato poteva punire le persone solo una volta esperita la procedura prevista dalla legge. Ogni cultura e civiltà, capace di durare per un certo periodo di tempo, ha adottato questo principio, dimostrando che si tratta di una conoscenza veramente fondamentale nella struttura dell'universo.

È la base della Costituzione degli Stati Uniti e dello Statuto delle Nazioni Unite.

Analizzando le implicazioni di questo principio di base, i legislatori valutarono che, per sostenere la vita, la gente aveva bisogno di cibo, alloggio, proprietà e relazioni ben definite con gli altri. Tutto ciò venne sancito nella legge egizia.

**L'organizzazione del pensiero**

Osservando la realtà, gli Egizi notarono che, in generale, Maat operava attraverso schemi ripetuti. Così decisero di osservare questi schemi e di trovare il modo di utilizzarli. Ben presto si resero conto che erano necessari sistemi per misurare e quantificare, in parte per determinare dimensioni ed effettuare controlli, e in parte per evitare che la mente umana vagabondasse nell'ambito di credenze sulla realtà che deviavano da ciò che effettivamente esisteva. Di conseguenza, inventarono un sistema coerente di scrittura che permise di tenere degli archivi di lungo periodo, un sistema matematico coerente, e un adeguato sistema di pesi e misure che consentì di quantificare in modo efficace.

Il sistema matematico egiziano era ancora in uso durante il Medioevo per scopi pratici, come il rilevamento territoriale, poiché la matematica teorica greca risultava inutile a questo scopo.

**L'organizzazione dello Stato**

Dal punto di vista geografico, lo Stato egizio fu il più grande del mondo antico prima dell'Impero Assiro. Di certo durò più a lungo di qualsiasi altro Stato nella storia documentata. Questo fu in parte dovuto al fatto che gli Egizi inventarono il concetto di dipendenti pubblici impiegati nello Stato e di magistratura indipendente, il che si rese necessario, tra gli altri motivi, a causa dell'inondazione annuale del Nilo. Ogni anno le aree soggette a inondazione venivano misurate, e i risultati annotati in triplice copia. Cessata l'inondazione, le aree venivano nuovamente misurate, e si procedeva a ripristinare tutti i confini e le proprietà. I rilevamenti venivano registrati un'altra volta in triplice copia, per poi ripetere l'intera procedura l'anno successivo. Questo sistema era sancito dalla legge egizia, che probabilmente fu il sistema più giusto e incorruttibile che sia mai stato ideato.

La legge egizia veniva amministrata da giudici incaricati dallo Stato, ciascuno dei quali era dedito alla ricerca e alla conservazione di Maat – nel suo aspetto di verità assoluta. Per questo motivo, nei procedimenti giudiziari era vietata qualsiasi forma di oratoria. Ogni affermazione, sia da parte dell'accusa che della difesa, doveva essere fatta per iscritto. I giudici ritiravano queste dichiarazioni, poi lasciavano l'aula per valutarle in modo obiettivo prima di prendere una decisione. Un sistema che sarebbe decisamente auspicabile anche oggi...

**Scienza e medicina**

La scienza e la medicina egizia si basavano completamente sul principio pratico del migliorare la vita delle persone. Esse operavano esclusivamente all'interno delle considerazioni morali di Maat. Nulla veniva fatto o sperimentato in contrapposizione a questo principio, il che farebbe bene anche oggi, come hanno sostenuto molti scienziati moderni, tra cui Albert Einstein e Robert Oppenheimer, entrambi associati all'invenzione delle armi atomiche.

I Greci riconoscevano che le loro conoscenze mediche provenivano dall'Egitto. Prove documentarie e archeologiche confermano che gli Egizi erano in grado di trattare efficacemente ossa rotte, ferite e perfino fratture del cranio. Ciò è in gran parte dovuto al fatto che gli Egizi furono i primi a riconoscere il collegamento tra igiene e salute. L'igiene dava la possibilità di portare a termine procedure chirurgiche invasive, e la popolazione era molto meno soggetta a epidemie. Si stima che al culmine del Nuovo Regno, intorno al 1300 a.C., l'Egitto avesse una popolazione pari a 7 milioni. Nel 1800, dopo secoli di occupazione islamica, era di soli 3 milioni.

Le prove documentali, sia da fonti egiziane che da altri paesi civilizzati, ci dicono che gli Egizi erano molto esperti nel trattamento dei disturbi psicologici. In effetti erano considerati i leader mondiali, un aspetto che derivava dai loro intensi studi sull'organizzazione della mente e sui modi per controllarla.

## Tecnologia, arte, artigianato e agricoltura

Chiunque abbia osservato da vicino i manufatti egizi sarà stato colpito dall'eccellenza del design e della lavorazione. Questa filosofia di perfezione pratica nasceva dal fatto che secondo gli Egizi non vi era separazione tra lo spirituale e il mondano. Ogni artefatto aveva uno scopo immediato, ma serviva anche all'universo nella sua funzione di nutrire e sostenere l'Essere. Le forme degli utensili manuali, per esempio, sono prototipi degli attrezzi che usiamo oggi. Mobili e gioielli identici ai progetti egizi si possono trovare nei moderni negozi delle principali vie dello shopping. Molte delle ricette servite nelle case e nei ristoranti odierni adornavano le tavole degli Egizi più di 4000 anni fa.

La punta di diamante della tecnologia degli Egizi fu la loro padronanza dell'irrigazione e della gestione delle inondazioni. In molte parti dell'Egitto, i canali di irrigazione scavati nel 2500 a.C. servono ancora il loro scopo originale. Tutti i sistemi di irrigazione oggi utilizzati si basano sui sistemi messi a punto dagli Egizi. Questa agricoltura organizzata ha consentito allo Stato egizio di sostenere la sua enorme popolazione, e di disporre delle risorse sufficienti per creare la civiltà che ancora oggi ammiriamo.

### Conclusioni

L'Antico Egitto è stato la culla della nostra moderna civiltà/cultura occidentale. Ogni tecnologia e sistema di cui attualmente disponiamo è stato prefigurato in Egitto a partire dal 2500 a.C. Ma abbiamo ancora tanto da imparare da esso. Ciò che abbiamo perso è la comprensione che ogni azione deve essere diretta verso il bene più grande, ovvero a sostenere Maat, come direbbero gli Egizi, il che, secondo i termini che ho usato, significa sostenere il Principio dell'Essere. Se il genere umano si abituasse a farlo, nel giro di pochi anni si potrebbero eliminare la guerra, la fame e quasi tutti i crimini. Di questo erano convinti gli idealisti che scrissero lo Statuto delle Nazioni Unite, 70 anni fa, dopo la guerra più distruttiva nella storia dell'umanità. Tale convinzione ebbe origine nell'Antico Egitto, e ha continuato a ispirare i pensatori progressisti attraverso gli anni bui, da quando la civiltà egizia fu distrutta dagli invasori.

Faremmo bene a rivedere le credenze dell'Antico Egitto, e il successo di lungo periodo riscontrato dalla loro applicazione, a imparare le lezioni, e ad applicare quelle conoscenze e convinzioni positive nella nostra vita e nel mondo moderno in generale.

Paul Jeffels
Consigliere di Amministrazione di Tehuti Research Foundation
Derby
Inghilterra, Regno Unito

# INTRODUZIONE

---

Questo libro intende fornire una breve panoramica su alcuni aspetti della civiltà dell'Antico Egitto che possono esserci utili anche nella vita quotidiana moderna, indipendentemente dal luogo in cui viviamo.

Il libro tratta i seguenti argomenti:

— Il nostro posto nell'universo e il suo sistema operativo.

— La conoscenza di sé e come organizzare le proprie energie interiori per vivere in modo sano e felice.

— Problemi e antichi rimedi [egizi] per questioni politiche, sociali ed economiche.

— Come raggiungere una convivenza pacifica tra le persone, la terra e le risorse naturali, e di conseguenza un ambiente pulito.

— Comprendere e implementare i principi armonici nella costruzione degli edifici.

— L'apprezzamento dell'arte, le sue funzioni e applicazioni in modo armonico.

– La natura eterna della civiltà egizia.

Moustafa Gadalla<br>
Autore

# STANDARD E TERMINOLOGIA

---

1. Il termine dell'Antico Egitto *Neter* e la sua forma femminile *Netert* sono stati erroneamente, e forse intenzionalmente, tradotti da quasi tutti gli accademici come dio e dea. I *Neteru* (plurale di *Neter/Netert*) sono i principi e le funzioni divine del Dio Unico Supremo.

2. Uno stesso termine dell'Antico Egitto può essere scritto in vari modi, come nel caso di Amun/Amon/Amen o Pir/Per. Questo accade perché le vocali presenti nelle traduzioni dei testi egizi sono solo approssimazioni di suoni, usate dagli egittologi occidentali per riuscire a pronunciare termini e parole dell'Antico Egitto..

3. Utilizzeremo le parole più note alla maggioranza delle persone di lingua italiana per identificare un *Neter*/una *Netert* [dio, dea], un faraone o una città, seguite da altre "variazioni" delle stesse.

È opportuno segnalare che i veri nomi delle divinità (dei, dee) erano tenuti segreti per proteggere il loro potere cosmico. Ai *Neteru* ci si riferiva con epiteti che descrivevano la natura, le caratteristiche e/o l'aspetto/i specifici dei loro ruoli. Lo stesso vale per tutti i termini comuni come Iside, Osiride, Amon, Ra, Horus ecc.

4. Con riferimento al calendario romano, useremo i seguenti termini:

p.e.v. – Prima dell'era volgare, nota anche come a.C.

e.v. – Era volgare, nota anche come d.C.

5. Il termine Baladi sarà usato in tutto questo libro per indicare l'attuale silenziosa maggioranza degli egiziani che aderiscono alle antiche tradizioni egiziane, con un sottile strato esterno di Islam. [Per maggiori informazioni si veda *Ancient Egyptian Culture Revealed* di Moustafa Gadalla.]

5

# MAPPA DELL'ANTICO EGITTO

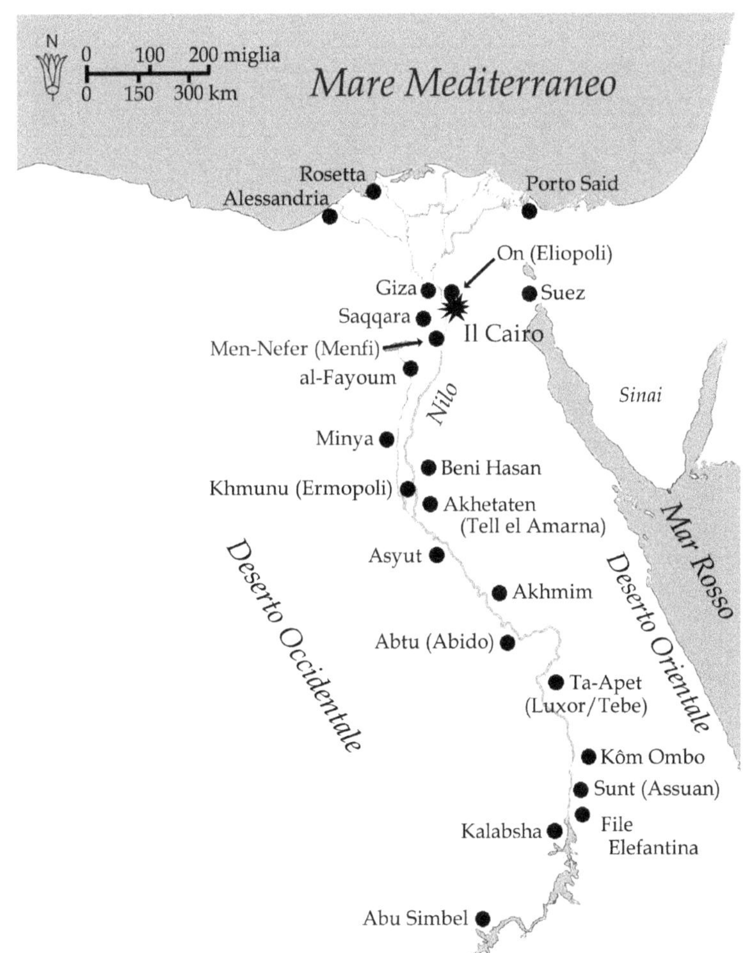

# PROLOGO: IMAGINE DI JOHN LENNON

Nel 1971 John Lennon pubblicò la sua canzone *Imagine* che sembra descrivere un pio desiderio di *utopia ideale*. Il testo "sognante", a insaputa dell'autore, descriveva le condizioni della civiltà più lunga della storia del mondo. I capitoli che seguono sono la dimostrazione che John Lennon stava raccontando la vera e prospera civiltà dell'Antico Egitto. Ecco il testo tradotto della canzone *Imagine*.

Immagina non ci sia il Paradiso
è facile se ci provi
Nessun inferno sotto i piedi
Sopra di noi solo il cielo
Immagina che la gente
viva al presente…

Immagina non ci siano Paesi
non è difficile
Niente per cui uccidere o morire
e nessuna religione
Immagina che tutti
vivano la loro vita in pace…

Puoi dire che sono un sognatore
onema non sono il solo

Spero che ti unirai anche tu un giorno
e che il mondo diventi unito

IImmagina un mondo senza proprietà
mi chiedo se ci riesci
senza necessità di avidità o fame
La fratellanza tra gli uomini
Immagina tutta le gente
condividere il mondo intero…

Puoi dire che sono un sognatore
ma non sono il solo
Spero che ti unirai anche tu un giorno
e che il mondo diventi unito

2

# RISCOPRIRE L'EGITTO IN MODO NUOVO

Sebbene nelle nostre menti siano state impresse immagini negative dell'Antico Egitto, ci sono due fatti fondamentali, certi e riconosciuti, a cui dovremmo prestare attenzione per riscoprire l'Egitto in modo nuovo.

1. La civiltà egizia ha avuto la durata più lunga nella storia del mondo intero.

2. Nel 500 a.C., Erodoto, il padre della storia, scrisse:

> *"Di tutte le nazioni del mondo gli Egiziani sono i più felici, i più sani e i più religiosi"*.

Considerando questi due semplici fatti dovremmo chiederci come e perché si sia verificato tutto ciò. Dovremmo domandarci se alcuni o molti aspetti di questa civiltà di lunga durata possano esserci di qualche aiuto nell'epoca attuale.

L'Egitto può essere l'antico futuro del mondo? Le condizioni dell'Antico Egitto possono rappresentare quella società archetipica ideale che John Lennon declamò nella sua canzone *Imagine*? L'audace risposta è un sonoro sì, come verrà spiegato nel corso di questo breve libro.

# GLI ANGELI CELESTI D'EGITTO

### 3.1 GLI ANGELI CELESTI D'EGITTO

È comunemente ed erroneamente noto che gli Egizi avevano un sistema religioso confuso con un numero indefinito di dei e dee.

In realtà, i cosiddetti "dei e dee" egizi e le loro funzioni sono stati adottati dalla Bibbia e ridenominati "angeli". Il cantico di Mosè tratto dal libro del Deuteronomio (32:43), trovato in una grotta a Qumran nei pressi del Mar Morto, menziona la parola *dèi* al plurale:

*"Cieli, rallegratevi con il Signore, e tutti gli dèi lo adorino".*
Nel Nuovo Testamento (Ebrei, 1:6), in questo stesso passaggio, la parola dèi viene sostituita con

*"angeli di Dio".*

### 3.2 MONOTEISMO E POLITEISMO

Quando ci chiediamo "Chi è Dio?", la vera domanda che ci stiamo ponendo è "Che cosa è Dio?". Il semplice nome o sostantivo non comunica niente. Si può definire "Dio" solo attraverso la moltitudine dei "suoi" attributi/qualità/poteri/azioni. Conoscere "Dio" significa conoscere le sue moltissime qualità. Più conosciamo queste qualità (note come Neteru), più ci avviciniamo alla nostra origine divina.

Lungi dall'essere una forma primitiva e politeista, questa è la massima espressione del misticismo monoteista.

Gli Egizi consideravano l'universo come un atto consapevole di creazione da parte dell'Unico Grande Dio. La dottrina fondamentale era l'unità della Divinità. Questo Dio unico non veniva mai rappresentato; ciò che veniva rappresentato erano le funzioni e gli attributi del suo campo d'azione. Quando si faceva riferimento alle sue funzioni/attributi, egli diventava un agente distinguibile che rifletteva questa particolare funzione/attributo e la sua influenza sul mondo. Le sue varie funzioni e i suoi vari attributi come Creatore, Guaritore e così via erano chiamati Neteru (al singolare maschile Neter, al singolare femminile Netert). Così, un Neter/Netert egizio non era un dio/dea, ma la rappresentazione di una funzione/attributo del Dio unico.

I Neteru, che alcuni chiamavano "dèi", furono accettati e incorporati nel cristianesimo con un nuovo nome: "angeli".

### 3.3 I NETERU: ENERGIE DIVINE

I testi egizi sostengono che, quando il Maestro dell'Universo venne in esistenza, l'intera creazione venne in esistenza. I testi dell'Antico Egitto sottolineano che *Il Completo* contiene tutto. In un testo si legge:

> *"Ho una moltitudine di nomi, e una moltitudine di forme, e il mio Essere esiste in ogni Neter".*

L'energia divina che si manifesta nel ciclo della creazione viene definita dai suoi aspetti energetici costitutivi, che gli antichi Egizi chiamavano Neteru. I NeTeRu sono le forze della NaTuRa.

La parola egizia Neter o natura o netjer indica **una forza in grado di generare vita e di mantenere quanto generato**. Come le diverse parti della creazione procedono attraverso un percorso di nascita-vita-morte-rinascita, così accade alle energie guida durante le tappe di questo ciclo. È per questo motivo che i Neteru dell'Antico Egitto, essendo energie divine, procedono e continuano a procedere attraverso lo stesso ciclo di nascita-crescita-morte e rinnovamento. Era noto comunemente a tutti, come indicato da Plutarco, che le molteplici forze della natura, conosciute come Neteru, nascono o vengono create, sono soggette a continui cambiamenti, si sviluppano, muoiono e rinascono.

Possiamo fare l'esempio del bruco, che nasce, si sviluppa e costruisce il proprio bozzolo nel quale muore, o meglio, nel quale si trasforma in farfalla, che depone le uova, e così via. Questa non è che la trasformazione ciclica da una forma/stato di energia a un'altra.

Un altro esempio è il ciclo dell'acqua: l'acqua evapora, formando nubi che ritornano alla terra sotto forma di pioggia. Si tratta di una trasformazione ciclica e regolare di energie in varie forme – *la morte di uno stato e la rinascita di un altro.*

Quando pensiamo ai Neteru non come dei e dee, ma come forze di energia cosmica, possiamo immaginare il sistema degli antichi Egizi come una brillante rappresentazione dell'universo. Dal punto di vista filosofico, questa trasformazione naturale ciclica è applicabile al noto motto:

*"Più le cose cambiano, più rimangono le stesse".*

Negli ambienti scientifici si parla di *legge naturale di conservazione dell'energia*, descritta come: **il principio per cui l'energia non si distrugge, ma cambia solo forma, e per cui l'energia totale di un sistema fisico, come l'universo, non può essere aumentata o diminuita.**

## 3.4 UNA QUESTIONE DI ENERGIE

Gli antichi Egizi e i Baladi non fecero/fanno alcuna distinzione tra uno stato dell'essere di tipo metafisico oppure uno dotato di un corpo materiale. Una distinzione del genere è un'illusione della nostra mente. Noi esistiamo contemporaneamente su una serie di diversi livelli, dal più fisico al più metafisico. Einstein concordava con gli stessi principi.

A partire dalla teoria della relatività di Einstein, è stato riconosciuto e accettato che la materia è una forma di energia – una coagulazione o condensazione di energia. L'energia è costituita da molecole che ruotano o vibrano a diverse velocità. Nel mondo "fisico", le molecole ruotano a una velocità molto lenta e costante. Questo è il motivo per cui le cose appaiono solide ai nostri sensi terreni. Più lenta è la velocità, più denso e solido è l'oggetto. Nel mondo metafisico (dello spirito), o dimensione eterea, dove le cose sono più libere e meno dense, le molecole vibrano molto più velocemente.

In questo senso, l'universo è fondamentalmente una gerarchia di energie con diversi ordini di densità. I nostri sensi possono in qualche modo accedere alla forma più densa di energia, cioè la materia. La gerarchia delle energie è interconnessa, e ogni livello è sostenuto da quello sottostante. Questa gerarchia è collocata in modo ordinato in una vasta matrice di leggi naturali profondamente interfacciate ed è sia fisica che metafisica.

Questa matrice di energie fu la conseguenza del primo atto della creazione, e fu identificata con i Neteru (dei/dee) dell'Antico Egitto.

Sia gli antichi Egizi che i Baladi hanno a lungo convenuto sulla presenza di energia in tutte le cose. La presenza di energie cosmiche (Neteru) in qualsiasi pietra, minerale, legno ecc. è indicata chiaramente nella Pietra di Shabaka (VIII secolo a.C.):

> *"E così i Neteru* (dei, dee) *entrarono nei loro corpi, di ogni specie di legno, di ogni specie di pietra, di ogni specie di argilla, di ogni specie di cosa che cresca su di lui* (ovvero la terra)*"*.

La matrice di energia universale abbraccia il mondo come il prodotto di un complesso sistema di relazioni tra persone (vive e defunte), animali, piante, e fenomeni naturali e soprannaturali. Questo principio è spesso chiamato **Animismo** in base al suo presupposto centrale che tutte le cose sono animate (alimentate) da forze vitali. Ogni minuscola particella di qualsiasi cosa è in continuo movimento, cioè alimentata, come riconosciuto dalla teoria cinetica. In altre parole, tutto è animato (alimentato): animali, alberi, rocce, uccelli, perfino l'aria, il sole e la luna.

Le energie nella loro forma più rapida – quelle energie invisibili nell'universo – vengono da molti chiamate "spiriti". Gli spiriti/energie sono distribuiti su diversi livelli di densità che si collegano alle diverse velocità delle molecole. Queste energie (invisibili) più veloci popolano certe aree, o sono associate a particolari fenomeni naturali. Gli spiriti (energie) si riuniscono in gruppi dello stesso tipo-famiglia (cioè in relazione tra loro).

Secondo le necessità, le energie possono occupare un'energia più condensata (materia) in forma umana, animale, vegetale, o in qualsiasi altra forma. Lo spirito anima il corpo umano alla nascita, e lo abbandona alla morte. A volte più di uno spirito energetico entra in un corpo. Spesso sentiamo di gente che "non si sente se stessa" o è "temporaneamente impazzita", "posseduta", "fuori di sé", o che possiede personalità multiple. In un modo o nell'altro, le energie (spiriti) hanno un impatto su tutti noi.

Dal momento che l'universo creato è ben definito, allo stesso modo la sua matrice energetica è una macchina ben oliata con nove regni che si compenetrano e interagiscono tra di loro.

## 3.5 FUORI DALL'EGITTO

Ciò che oggi si definisce religione cristiana esisteva già nell'Antico Egitto, molto tempo prima dell'adozione del Nuovo Testamento. Scrisse l'egittologo britannico E. A. Wallis Budge nel suo libro *The Gods of the Egyptians* (1969):

Le somiglianze rilevate da Budge, e da tutti coloro che hanno confrontato l'allegoria egizia di Osiride/Iside/Horus con la storia del Vangelo, sono impressionanti. I due racconti sono praticamente identici, inclusi per esempio elementi quali l'Immacolata Concezione, la nascita divina, le lotte contro il nemico nel deserto e la risurrezione dei morti alla vita eterna. La differenza principale tra le "due versioni" risiede nel fatto che il racconto evangelico è considerato storico, mentre il ciclo di Osiride/Iside/Horus è un'allegoria. Il messaggio spirituale dell'allegoria di Osiride/Iside/Horus nell'Antico Egitto e la rivelazione cristiana è esattamente lo stesso.

Così lo studioso britannico A. N. Wilson sottolineò nel suo libro *Jesus*:

*"Il Gesù storico e il Cristo della fede sono due distinti esseri, con storie molto diverse. È abbastanza difficile ricostruire la prima e, nel tentativo di farlo, siamo portati a fare un danno irreparabile alla seconda"*.

C'è un'innegabile ironia e una profonda, radicata e indiscutibile verità nella citazione del profeta Osea *"Fuori dall'Egitto ho chiamato mio Figlio"*. Un'ironia davvero profonda.

## 3.6 COSMOLOGIA E ALLEGORIE EGIZIE

La conoscenza cosmologica dell'Antico Egitto veniva descritta sotto forma di racconto, un mezzo particolarmente efficace per esprimere concetti sia fisici che metafisici. Le allegorie ben costruite sono l'unico modo per spiegare le verità più profonde su Dio, la creazione, la vita, l'anima, il nostro posto nell'universo e la nostra lotta per evolvere a più elevati livelli di intuizione e comprensione.

Le allegorie sono metodi usati volutamente per trasmettere delle conoscenze. Esse drammatizzano leggi cosmiche, principi, processi, relazioni e funzioni, e li esprimono in un modo semplice da capire. Una volta svelati i loro significati intrinseci, diventano meraviglie di completezza e sintesi allo stesso tempo scientifica e filosofica. Più vengono studiate, più si arricchiscono. La "dimensione interna" degli insegnamenti incorporati in ogni storia può rivelare diversi livelli di conoscenza, a seconda del livello di sviluppo dell'ascoltatore. I "segreti" vengono rivelati con il progredire della propria evoluzione. Più saliamo e più capiamo. È tutto qui.

Ogni bravo scrittore o docente sa che i racconti sono lo strumento migliore per spiegare il comportamento delle cose, perché la mente trattiene meglio le interrelazioni delle parti tra loro e con l'insieme. Le saghe egizie trasformarono nomi e aggettivi fattuali comuni (indicatori di qualità) in nomi propri, ma concettuali. Questi furono anche personificati, per poterli intrecciare all'interno di narrazioni.

Gli Egizi non consideravano le loro allegorie come *fatti storici*. Credevano NELLE allegorie nel senso che credevano nelle verità dietro le storie stesse.

Molte erano le allegorie degli antichi Egizi, come per esempio quella di Osiride/Iside/Horus.

4

# SCOPRITE IL POTENZIALE CHE È DENTRO DI VOI

## 4.1 PRENDETE IL CONTROLLO DELLA VOSTRA VITA

Mentre alcuni insistono sul fatto che tutti gli uomini sono *"nati peccatori"*, gli insegnamenti egiziani enfatizzano e si basano sulla certezza che ognuno ha un "tesoro" dentro di sé ritrovabile solo cercandolo. Gli insegnamenti egiziani liberano la potenzialità interiore, nascosta nell'essere umano, di riconoscere e bilanciare le energie intrinseche al fine di imparare, acquisire conoscenze e raggiungere il successo.

Ogni individuo deve riuscire a gestire queste energie che stanno dentro e intorno a sé, tra cui tutte le proprie forze, i propri desideri, le emozioni ecc. Le leggi sociali devono seguire lo stesso schema di organizzazione dell'energia dell'universo. Come sopra così sotto.

Nelle forme concentrate, specie se intense e incontrollate, questa matrice energetica interiore è potenzialmente pericolosa, perfino mortale. L'iperattività o la rabbia sono esempi umani di energie intense incontrollate. Perciò è di fondamentale importanza comprendere, gestire e controllare la matrice dell'energia.

Gli Egiziani chiamano semplicemente "Maat" il principio dell'ordine cosmico a tutti i livelli, inclusi gli esseri umani. Ma-at è la Netert (dea) che rappresenta il principio dell'ordine cosmico. Un concetto che governa non solo gli uomini, ma anche i Neteru (dei, dee), e senza il quale i Neteru (dei, dee) non operano.

Per risolvere qualsiasi problema nella vostra vita è necessario potenziare la vostra Maat interiore al fine di portare ordine, equilibrio e armonia. Maat vi aiuterà a sistemare (definire/ordinare) tutto il caos interiore (energia/materia e consapevolezza indifferenziate). Si parlerà ancora di Maat più avanti in questo capitolo.

## 4.2 SEGUITE IL VOSTRO CAMMINO VERSO LA SORGENTE

In Egitto, ciò che oggi chiamiamo "religione" era così ampiamente noto che non aveva nemmeno bisogno di un nome, poiché costituiva la vita stessa in tutti i suoi aspetti. Tutte le loro conoscenze, basate sulla consapevolezza cosmica, venivano incorporate nelle loro pratiche quotidiane, diventando tradizioni.

Il modello egiziano non riguarda il mondo esterno, oppure una comunità di credenti, dogmi, scritture, regole o rituali. Non significa semplicemente credere che Dio sia questo, quello o quell'altro. Non significa solo chiedere a qualcuno di "credere" per trovarsi automaticamente nelle grazie di Dio. Il modello egiziano comprende idee e pratiche in grado di fornire, a ogni ricercatore spirituale, gli strumenti per progredire lungo il suo cammino verso "l'unione con il Divino".

Questo cammino spirituale verso l'unione richiede di dedicarsi al difficile e talvolta doloroso (ma gioioso) impegno nella purificazione interiore ed esteriore. Chi cerca deve acquisire la conoscenza della realtà/verità, fare tutto bene, e applicare ciò che lui/lei ha imparato nel mondo. Si tratta di una filosofia di vita, di un tipo di comportamento individuale per raggiungere la più elevata moralità, felicità e pace interiore.

In generale, secondo il misticismo è possibile ottenere la comunione con Dio raggiungendo la conoscenza della verità spirituale attraverso l'intuizione ottenibile dalla concentrazione univoca. Il modello egiziano di acquisizione della conoscenza si basa sia sull'uso dell'intelletto che dell'intuito.

I principi naturali e le pratiche del modello egiziano sono noti sia in Occidente che in Oriente. Un ricercatore mistico è colui che ritiene possibile avere un'esperienza diretta di Dio. Il modello egiziano del misticismo è un'espressione naturale di religione personale. Il ricercatore ha il diritto di perseguire una vita di contemplazione, di ricerca del contatto con la Sorgente dell'Essere e dell'Esistenza. I ricercatori mistici perseguono la conoscenza dell'Esistenza/Verità di Dio che non può essere acquisita attraverso le religioni dogmatiche.

Il modello egiziano del misticismo (sufismo) non è una questione di credo e dogmi, quanto piuttosto di mappa personale. Ciascuno di noi è un individuo unico. In tutti i loro testi, gli antichi Egizi concretizzavano le loro convinzioni nell'unicità di ciascun individuo. Per esempio, non c'erano mai due testi trasformazionali (funebri) o medici (detti "magici") identici per due diverse persone. Non esiste una dottrina dogmatica valida per tutti.

Il modello egiziano riconosce l'unicità di ogni individuo, e come tale riconosce che i percorsi che portano a Dio sono tanto numerosi quanti sono i ricercatori. Le strade che portano a Dio sono come i fiumi: vanno tutti alla stessa destinazione. Tutto il pensiero egiziano si basa su questo principio: *la variazione di un tema.*

I cercatori mistici si creano il proprio genere di vita collettiva. Quelli che hanno vedute simili formano reti di maestri e discepoli chiamati *Vie*. La struttura di una *Via* si può definire meglio come *compagnia*. Una compagnia (ordine) mistica sul modello egizio si può formare ovunque e in ogni momento.

La diversità del genere umano si riflette nella diversità delle compagnie. Quindi, le compagnie variano per natura, insegnamenti, esercizi ecc.

Il progresso lungo il percorso spirituale si ottiene attraverso l'aspirazione, e risulta dall'agire in modo conscio e disciplinato. Ogni consapevolezza nuova/aumentata equivale a un nuovo risveglio. I livelli di consapevolezza sono definiti come morte-rinascita. Questo modo di pensare ha pervaso sia l'Antico Egitto che quello moderno, dove la nascita e la rinascita sono un tema costante. La parola *morte* è usata in senso figurato. La questione per cui l'uomo deve *"morire, prima di morire"* o che debba *"rinascere"* nella sua vita attuale viene vissuta in modo simbolico, oppure commemorata con un rituale. In esso, il candidato deve affrontare alcune specifiche esperienze (tecnicamente definite "morti"). Un buon esempio è il Battesimo, che era l'obiettivo principale della Pasqua, dopo il periodo di Quaresima – rappresenta infatti la *morte* del vecchio io con l'immersione nell'acqua, e la nascita del nuovo/rinnovato io attraverso la riemersione.

## 4.3 PRINCIPI MORALI E ABITUDINI DI MAAT

Secondo la filosofia egiziana, sebbene tutta la creazione abbia un'origine spirituale, l'uomo è nato mortale, ma contiene in sé il seme del divino. Lo scopo della sua vita è di nutrire quel seme, e la sua ricompensa, se vi riesce, è la vita eterna, dove si riunirà con la sua origine divina. Nutrire le piante nel terreno è come nutrire lo spirito sulla terra facendo buone azioni.

L'uomo viene al mondo in un stato assopito dotato delle più elevate facoltà divine, che sono l'essenza della sua salvezza. La via della religione egiziana è, pertanto, un sistema di pratiche finalizzato a risvegliare le facoltà latenti più elevate.

L'enfasi posta dalla religione egiziana sul risveglio delle facoltà interiori non si può mai sottolineare abbastanza. Il comportamento morale, per esempio, non scaturisce dal semplice apprendimento di certi valori, ma si ottiene con la mente e si acquisisce con l'esperienza. La purificazione interiore deve essere completata praticando un buon comportamento sociale nella vita quotidiana. Ogni azione si imprime nel cuore. L'interiorità di una persona è in realtà il riflesso del suo comportamento e delle sue azioni. Pertanto, fare buone azioni determina qualità interiori positive; a loro volta le virtù impresse nel cuore governano le azioni delle membra. Dato che ogni atto, pensiero e opera imprime un'immagine nel cuore, esso diventa un attributo della persona. Questa maturazione dell'anima attraverso gli attributi acquisiti conduce a visioni mistiche progressive fino alla definitiva unificazione con il divino.

La saggezza dell'Antico Egitto ha sempre posto grande enfasi sul comportamento etico e sul servizio sociale. Le tradizioni e le pratiche egiziane enfatizzano la forgiatura del carattere, il buon comportamento, i valori della famiglia, il desiderio e i vantaggi del matrimonio, le relazioni armoniche, i doveri sociali, l'etica del lavoro, la responsabilità ecc.

Ognuno deve vivere la propria vita, e ognuno di noi deve andare per la propria strada, sotto la guida di Maat. Il concetto di Maat ha permeato tutti gli scritti egiziani, dai tempi più antichi e lungo tutto il corso della storia dell'Egitto. Non è facile tradurre o definire Maat con una sola parola. Fondamentalmente si potrebbe dire che Maat significa ciò che dovrebbe essere di diritto; ciò che è secondo l'ordine e l'armonia del cosmo, dei Neteru (dei, dee) e degli uomini, che ne sono parte.

Maat, *La Via*, comprende le virtù, gli obiettivi e i doveri che definiscono l'interazione sociale e il comportamento personale accettabili, se non proprio ideali.

Si può trovare una sintesi del concetto egiziano di giustizia in quelle che sono comunemente note come *Confessioni Negative*.

Una rappresentazione più dettagliata di uomo corretto, della sua auspicabile condotta e delle idee di responsabilità e punizione si può ricavare dalle pareti delle cappelle dei sepolcri e in parecchie composizioni letterarie generalmente definite "Libri Sapienziali" di istruzioni sistematiche, composti di massime e precetti. Tra questi figurano i 30 capitoli de *L'Insegnamento di Amenemope* (Amenemope III), che contengono molti testi sapienziali in seguito adottati nel *Libro dei Proverbi* del Vecchio Testamento.

# FAR FUNZIONARE LA DEMOCRAZIA!

## 5.1 PROBLEMI ATTUALI E VECCHIE SOLUZIONI

In tutti i paesi democratici, i cittadini sono insoddisfatti della loro forma di governo e sostengono che non rappresenta i loro interessi. Molti difendono lo status quo affermando che l'alternativa sia peggiore.

Ecco alcuni dei principali problemi identificabili:

- Influenza del denaro sulla politica.
- Lobbisti dei gruppi di interesse particolare nei processi decisionali del sistema governativo.
- Politici di mestiere e non rappresentanti della comunità.
- Paralisi totale fra le componenti del governo.
- Voto individuale dei candidati basato su valutazioni personalistiche e non su una vera rappresentatività, per esempio "Con quale candidato vorresti prendere una birra?!" oppure "Quale candidato sembra più agguerrito degli altri?"
- Le distinzioni tra i partiti politici sono così lievi che in molti casi non vi è alcuna reale differenza pratica, e i risultati favoriranno quelli con più denaro e/o una maggiore "personalità magnetica"!

Esistono però delle alternative in grado di risolvere i problemi attuali risalendo all'origine incontaminata del sistema. Si è detto e ripetuto che la Grecia è la culla della democrazia e della forma di governo democratica. Ripetere meccanicamente le cose può essere d'aiuto, ma ciò non trasforma le affermazioni in fatti, specialmente senza prove a supporto.

Ora ripercorriamo l'incontaminata origine egiziana che Platone abbracciò nelle sue opere: la *Repubblica*, le *Leggi* e alcune parti delle sue raccolte.

## 5.2 COMMONWEALTH VS. GOVERNO CENTRALIZZATO

È comunemente accettato da tutti i politici a qualsiasi livello di governo che *"tutte le politiche sono locali"*. Il sistema dell'Antico Egitto, essendo veramente un sistema di base, inizia occupandosi del livello locale. Per proteggere l'individualità del sistema di governo e la sua coerenza sociopolitica, servivano criteri di cooperazione tra i diversi sistemi di governo – un'alleanza nello stile del Commonwealth, in cui si formano delle coalizioni per condividere compiti e responsabilità specifiche nell'ottica di un beneficio comune. Questo sistema, come confermato da Strabone, era sostanzialmente organizzato su tre livelli – la comunità locale, il distretto di competenza (contea) e la provincia (Stato). Queste strutture organizzative variavano da una zona all'altra, e da un'epoca all'altra. Gli antichi Egizi avevano una tradizione di organizzazioni politiche non coercitive.

A differenza del governo autocratico di tipo centralizzato, la forma di governo di tipo Commonwealth riconosce l'importanza delle origini, ovvero delle *comunità locali.*

Si formano coalizioni per condividere specifici compiti e responsabilità nell'ottica di un beneficio comune, come progetti pubblici condivisi, commerci, trattati di non aggressione, diritti di passaggio ecc.

Contrariamente al pensiero autocratico del mondo accademico, l'organizzazione governativa degli antichi Egizi non era concepita dall'alto (il faraone) verso il basso (la comunità locale), ma dal basso verso l'alto – dalle comunità locali ai distretti, fino al regionale e al "nazionale" – ciascuno sotto la sua amministrazione prescelta. Ogni livello organizzativo aveva la stessa struttura, semplicemente riprodotta su scala minore o maggiore, costituita da un consiglio rappresentativo con sovrintendenti amministrativi.

Gli anziani, che rappresentavano la discendenza consolidata della comunità, formavano un consiglio (organo legislativo) che eleggeva un capo. Questo gruppo di anziani assisteva il capo nell'amministrazione della comunità. Il consiglio degli anziani serviva come tribunale per aiutare il capo ad assegnare l'accesso alle risorse (come la terra, i diritti sull'acqua ecc.), organizzare i lavori pubblici e via dicendo.

Il sistema politico dell'Antico Egitto era coerente con i nostri detti odierni quali *"governo limitato"*, *"governo per necessità"*, *'il governo migliore è quello che meno governa"*, e *"governo del popolo, dal popolo, per il popolo".*

Le alleanze tra comunità/regioni possono essere deliberate, modificate o riviste, vale a dire un *governo per necessità* – per specifici scopi e/o durate, e così avvenne lungo tutto il corso della storia dell'Antico Egitto. Non dovremmo fraintendere tali cambiamenti come se avessero un significato di sconvolgimento/ caos, quanto piuttosto di vera applicazione del detto *vivi e lascia vivere*. Questa è la vera democrazia delle origini. Un esempio potrebbe essere lo Stato dell'intera terra d'Egitto durante la XXII dinastia, come si deduce dalla lunga iscrizione del re Takelot II (860-835 a.C.) nel tempio di Karnak. Da essa si evince che esistevano diversi governi regionali, ciascuno con il proprio re/capo. In questo periodo non vi erano tracce di guerre o conflitti, contrariamente alla percezione del mondo accademico occidentale.

Il mondo accademico occidentale è ossessionato dalla forma di governo centralizzata e ritiene che la mancanza di un tale tipo di amministrazione implichi caos, conflitti, guerre civili ecc.!

Il sistema egiziano è la vera forma di democrazia repubblicana originaria che rappresentò la fonte dei *Dialoghi* di Platone sui temi delle *Leggi* e della *Repubblica*.

### 5.3 LA PARTECIPAZIONE DELLA GENTE – INDIVIDUI ALL'INTERNO DI UN FORO/CAUCUS

Gli individui hanno il diritto di scegliere i propri delegati locali che rappresenteranno gli interessi collettivi di una comunità a tutti i livelli. Per scegliere un rappresentante finalizzato a uno scopo/missione/compito speciale, si svolgeva una sorta di caucus.

Per questioni ordinarie di natura locale, un individuo poteva partecipare agli incontri pubblici del consiglio locale/degli anziani. Poteva anche presentare una petizione su qualsiasi questione e le autorità preposte erano obbligate a rispondere, come si evince da centinaia di papiri recuperati dell'Antico Egitto.

### 5.4 TASSE EQUE CON MOTIVAZIONI

Non vi era alcun tipo di imposta sul reddito. Esistevano tariffe di utilizzo per beneficiare di un particolare accesso e/o servizio. Si trattava di un vero sistema di libero mercato con interferenza governativa minima. Una vibrante economia di mercato.

Un consiglio della comunità poteva imporre per un certo periodo una tariffa proporzionata e motivata in modo da raccogliere fondi per un progetto specifico, ma solo le parti interessate/beneficiate avevano l'obbligo di pagarla. In definitiva, esistevano tasse/tariffe di scopo e mai una tassa *generale* destinata alla tesoreria per spese di tipo "generico"!

## 5.5 CAUSE E RISOLUZIONE DEI CONFLITTI INTERNI

In una società, l'aspetto di maggiore importanza dovrebbe essere *"uno per tutti e tutti per uno"*. La rappresentanza democratica di base garantisce una pacifica convivenza tra tutti. I conflitti, quando presenti, venivano risolti in diversi modi a seconda della complessità della questione. Per informazioni più dettagliate si veda *Ancient Egyptian Culture Revealed* di Moustafa Gadalla.

## 5.6 CONFLITTI ESTERNI – GUERRA E PACE

Come verrà spiegato in un capitolo successivo, il concetto di *proprietà* della terra non esisteva. Si aveva il diritto, per un motivo o per l'altro, di affittare un pezzo di terra e si pagava un canone di affitto. Il sistema socio-politico sopra descritto basato sul principio del "vivi e lascia vivere" non creava quel falso senso di "nazionalismo" governato con confini artificiali. Per questo, i conflitti di confine erano minimi.

È ampiamente riconosciuto che gli egiziani (antichi e odierni) sono un popolo che non ama la guerra. È per questo motivo che l'Egitto non era interessato a creare un impero, tanto meno all'occupazione militare. L'Egitto era interessato solo a neutralizzare gli elementi ostili che minacciavano di distruggere la sua sicurezza, e a tal fine doveva fare affidamento quasi esclusivamente su mercenari stranieri. Per evitare conflitti, i faraoni del Nuovo Regno usavano la diplomazia e il matrimonio con principesse straniere, ricorrendo alla forza solo come ultima risorsa.

Per gli antichi Egizi, la guerra seguiva regole rigorose, come quelle di una partita a scacchi, e rituali specifici. Erano il popolo civilizzato per eccellenza. Una guerra aveva un profondo significato religioso: simboleggiava le forze dell'ordine che controllavano il caos e la luce che trionfava sulle tenebre.

Nei templi, nelle tombe e nei testi dell'Antico Egitto, i vizi umani sono raffigurati come degli stranieri (il corpo malato è tale perché è/è stato invaso da germi estranei). Gli stranieri sono raffigurati sottomessi – con le braccia strette/legate dietro la schiena – per rappresentare l'autocontrollo interiore. Il più vivido esempio di autocontrollo è la nota raffigurazione del Faraone (l'Uomo Perfetto), sulle pareti esterne dei templi dell'Antico Egitto, che sottometteva/controllava i *nemici stranieri* – i *nemici* (le *impurità*) *interiori*.

La stessa scena di "guerra" si ripete nei templi di tutto il Paese, a significare che si tratta di simbolismo e non di una rappresentazione di fatti storici reali. Le scene di "guerra" simboleggiano la battaglia senza fine tra il Bene e il Male.

Gli accademici occidentali non riescono a comprendere le realtà metafisiche, quindi "creano" eventi storici a partire dai concetti metafisici. La famosa "**battaglia di Kadesh**" è in realtà il dramma personale del singolo "uomo divino" (il re in ciascuno di noi) che **soggioga da solo le forze interiori** del caos e dell'oscurità. Kadesh significa santo/sacro. Pertanto, la battaglia di Kadesh **significa lotta interiore** – una guerra santa interiore che avviene in ogni individuo.

6

# TRATTARE CON LA MADRE TERRA

## 6.1 LOCATARI NON PROPRIETARI

La concezione di territorio degli Egiziani (antichi e Baladi) non accetta il presupposto che la terra si possa acquisire in proprietà. Per loro, le persone hanno il diritto di occupare un terreno solo se lo lavorano, e possono essere proprietari solo di quello che hanno prodotto. Gli antichi Egizi non avevano un verbo che significasse *"possedere"*, *"avere"* o *"appartenere a"*.

Agli agricoltori è consentito l'accesso alla terra solo se la coltivano. Questo concetto di terra si ritrova in molti paesi del mondo – si chiama suolo pubblico (o altro termine simile). L'idea è che la terra sia "di proprietà" del governo (cioè della gente) e l'accesso è consentito alle persone affinché la lavorino in un certo modo (attività mineraria, pascolo ecc.).

Il lavoro degli agricoltori era/è strettamente associato ai sovrintendenti delle risorse idriche locali (e regionali).

## 6.2 CALPESTARE CON LEGGEREZZA

Le credenze nell'animismo degli antichi Egizi e dei Baladi si riflettevano anche nei consueti rapporti tra la gente e la terra. Gli Egizi credevano/credono che la terra non abbia valore senza la gente, e viceversa, che la gente non possa esistere senza la terra. Essi riconoscono e rispettano i residenti soprannaturali della terra – qualsiasi essa sia. Gli spiriti di un luogo (alberi, alture rocciose, fiumi, serpenti e altri animali e oggetti) venivano identificati e ammansiti dai fondatori originari, che arrivavano e abitavano la terra in un'epoca precedente. Gli spiriti della terra potevano variare da luogo a luogo, o identificarsi così tanto con il benessere di un gruppo da essere trasferiti in una nuova località, in quanto parte della continuità di un gruppo con la sua abitazione precedente.

I diritti di un gruppo, definito dalla comune discendenza genealogica, erano connessi a un particolare luogo e agli accordi al suo interno, non tramite la "proprietà", bensì attraverso il patto con gli spiriti primordiali di quella terra/sito. Gli spiriti, sia familiari che locali, chiedevano fedeltà alle virtù comuni e all'autorità degli anziani per tutelare le antiche credenze e pratiche.

I nuovi arrivati (migranti spirituali) si univano alla popolazione locale di spiriti creando un nuovo patto tra loro e gli spiriti del posto. Questo patto legittimava il loro arrivo. In cambio dei loro costanti omaggi a questi spiriti, i fondatori potevano reclamare l'accesso perpetuo alle risorse locali. Così facendo, diventavano la progenie responsabile del sacerdozio ereditario locale e del comando del villaggio, e venivano/vengono riconosciuti dai nuovi arrivati come "gestori del luogo".

## 6.3 TENERE PULITO

Questo spirito di animismo induce a diventare ambientalisti, considerando che ogni cosa viene trattata con cura e rispetto. Tale convivenza con la natura, in tutte le sue forme, era un requisito obbligatorio di ogni persona. Qui di seguito elenchiamo alcune delle 42 famose *Confessioni Negative* degli antichi Egizi che sottolineano il fatto che l'individuo debba essere un vero ambientalista per potersi ricongiungere all'Origine.

7- Non ho trafugato le proprietà che appartengono ai Neteru.

16- Non ho devastato la terra arata.

22- Non mi sono contaminato.

34- Non ho inquinato l'acqua.

36- Non ho mai maledetto i Neteru.

Neteru significa l'essenza divina (spiriti) che vive ovunque: nelle piante, nell'aria, nell'acqua, nei minerali ecc.

## 6.4 PACE IN TERRA

Questo rispetto per gli spiriti della terra denota persone pacifiche (non invasive) che non violeranno nessuno o nessun territorio. Gli Egiziani, pertanto, sono individui molto pacifici. Per gli antichi Egizi e i Baladi, camminare sul suolo straniero, in pace o in guerra, era un gesto fatto con seria considerazione per la terra e tutti i suoi abitanti, umani e non.

# ALLA SCOPERTA DEI POTERI MASSONICI DELL'EGITTO

## 7.1 LA SINFONIA MASSONICA EGIZIANA

I massoni sostengono che l'origine dei loro riti, delle loro conoscenze e delle loro tradizioni sia in Egitto. I massoni sono membri di un diffuso ordine segreto di fratellanza detto dei *"massoni liberi e accettati"* (comunemente noto come Massoneria). Tra i loro membri c'è una naturale, istintiva amicizia e simpatia.

I massoni moderni sostengono di avere profonde radici nell'Antico Egitto. È interessante notare come per loro l'obelisco e la piramide fossero delle importanti forme simboliche molto prima della nascita dell'egittologia e dell'archeologia. I padri fondatori degli Stati Uniti d'America (molti dei quali erano massoni) misero la piramide, simbolo non americano, sulle banconote da un dollaro, e scelsero la forma dell'obelisco per il progetto di monumento a George Washington, anch'egli un massone.

Nel 500 a.C. Erodoto, padre della storia e nativo della Grecia, dichiarava:

*""Passo invece a parlare diffusamente dell'Egitto perché, rispetto a ogni altro paese, è quello che racchiude in sé più meraviglie".*

I meravigliosi monumenti dell'Antico Egitto sono la manifestazione fisica della loro avanzata conoscenza del cosmo, perché, come dichiarato nel terzo libro dell'*Asclepius* (25), che rientra tra i testi ermetici:

> *"..In Egitto tutte le operazioni dei poteri che governano e operano nel cielo sono stati trasferiti qui in basso sulla Terra... sarebbe più corretto dire che l'intero cosmo abita in [Egitto] come nel suo santuario...".*

Pertanto, dobbiamo rinunciare a vedere i monumenti dell'Antico Egitto come un gioco di forme riferito a vaghe argomentazioni storiche e archeologiche. Dobbiamo invece cercare di vederli come dimora del cosmo, come rapporto tra forma e funzione.

Johann Wolfgang von Goethe (1749-1832) descrisse l'architettura come "musica congelata". Nell'Antico Egitto, l'architettura era musica visuale animata, sicuramente non congelata. L'architettura e l'arte egizia seguivano i principi del disegno dinamico armonico che si applica egualmente al suono e alla forma.

Il suono e la forma sono due facce della stessa medaglia, e il loro rapporto è paragonabile agli aspetti fisici e metafisici dell'universo.

La manifestazione fisica dell'universo è un capolavoro di ordine, armonia e bellezza. L'architettura dell'esistenza corporea è determinata da un mondo invisibile, immateriale di pura forma e geometria.

Gli antichi Egizi, che erano/sono conosciuti come persone d'azione (costruttori), trasposero la loro conoscenza e saggezza in lavori vivaci, energici, produttivi.

La progettazione architetturale dell'Antico Egitto si basava sulla proporzione armonica. Anche le armonie musicali si basano sulla proporzione armonica. È stato affermato che la musica sia in realtà geometria tradotta in suono, poiché nella musica si possono ascoltare le stesse armonie che sono alla base della proporzione architettonica.

Il famoso Mozart era un massone, proprio come suo padre e molte persone importanti della sua epoca. La sua musica era lo spirito del passato delle tradizioni dell'Antico Egitto. Il suo capolavoro fu l'Opera Massonica, nella quale il potere della massoneria diventa il potere della musica utilizzando i *simboli massonici*.

## 7.2 MONUMENTI PERSONALI O GENERATORI DI ENERGIA

Esiste una comune tendenza a ignorare la funzione religiosa dei templi dell'Antico Egitto. Dovrebbero essere visti come un rapporto tra forma e funzione. Invece, da molti sono considerati solo come una galleria d'arte e/o un gioco di forme riferito a vaghe argomentazioni storiche.

In realtà, il tempio egizio era il collegamento, il significato della proporzionalità, tra il macrocosmo (il mondo) e il microcosmo (l'uomo). Si trattava di un palcoscenico sul quale avvenivano gli incontri tra i Neteru (dei/dee) e il re, in quanto rappresentante del popolo.

Il tempio egizio era una macchina per generare e mantenere l'energia divina a beneficio di tutti e di ciascuno. Era il luogo in cui l'energia cosmica dei Neteru (dei/dee) giungeva per dimorare e irradiare le loro forze sulla terra e sulla gente.

La forza armonica delle planimetrie del tempio, le immagini scolpite sulle pareti e le forme di adorazione portavano tutte allo stesso scopo; uno scopo che era spirituale, in quanto implicava il mettere in movimento forze sovrumane, e pratico, dato che l'atteso risultato finale era il mantenimento della prosperità del Paese.

La scelta della collocazione e delle caratteristiche progettuali di un tempio non si basava su considerazioni economiche, quanto su una conoscenza molto approfondita del macrocosmo.

I templi egizi non venivano costruiti rapidamente, o da un solo re. Furono eretti nel corso dei secoli, da regnanti consecutivi. Un buon esempio è l'enorme complesso dei grandi templi di Karnak, edificato nell'arco di oltre 1.500 anni. Il complesso di Karnak comprende sei piloni, ed è un risultato imponente e omogeneo che ha prodotto un piano armonico di edifici che coprono un perimetro di circa 2.300 metri. È evidente che preesisteva un piano generale, ed era noto a chi apportò le aggiunte nel corso degli oltre 1.500 anni.

## 7.3 ARCHITETTURA E GEOMETRIA SACRA

Nell'architettura dell'Antico Egitto, la progettazione armonica si otteneva attraverso l'unificazione di due sistemi:

1. aritmetico (numeri significativi lungo un asse centrale)

2. grafico (quadrati, rettangoli e qualche triangolo).

L'unione dei due sistemi riflette il rapporto delle parti col tutto, che è l'essenza della progettazione armonica.

I punti significativi venivano determinati lungo l'asse di progettazione. Essi individuano l'intersezione con assi trasversali, l'allineamento di un porta d'ingresso, la posizione di un altare, il centro di un santuario ecc. Questi punti seguono una precisa progressione aritmetica. In molte delle migliori planimetrie i punti si trovano a distanze armoniche l'uno dall'altro, e le loro distanze da una parte all'altra esprimono i termini della successione (detta di Fibonacci) 2, 3, 5, 8, 13, 21, 34, 55, 89, 144, 233, 377, 610… L'analisi armonica mostra una serie di punti significativi leggibili in entrambe le direzioni, ovvero, se in un sistema di punti significativi questi venissero invertiti, il sistema corrisponderebbe anche alla serie con il punto di riferimento collocato dalla parte opposta della planimetria.

La successione di Fibonacci venne utilizzata nei monumenti egizi sin dall'Antico Regno. Il disegno della piramide di Chefren (Khafra) a Giza raggiunge una lunghezza totale di 233 cubiti misurati dalla piramide, con una serie completa di DIECI punti significativi. Il tempio di Karnak segue la successione di Fibonacci fino a 610 cubiti, cioè DODICI punti significativi. [Si vedano gli schemi di diversi templi in *Ancient Egyptian Metaphysical Architecture* o la versione precedente *Egyptian Harmony: The Visual Music*, entrambi di Moustafa Gadalla.]

## 7.4 LASCIAR FLUIRE L'ENERGIA

Per mantenere l'unità del tempio, le sue componenti devono essere collegate in modo tale che l'energia cosmica possa fluire in tutte le sue parti senza impedimenti.

L'unità degli elementi del tempio deve essere come quella degli elementi del corpo umano. Le pareti di un tempio sono costituite da blocchi e angoli, e tali elementi (blocchi) devono essere collegati tra loro in modo da permettere all'energia divina di fluire, proprio come le parti dell'essere umano. Non è corretto pensare che due elementi/parti siano connessi solo per garantire la stabilità strutturale della parte/i e dell'intero edificio.

Nell'esaminare il tempio egizio (la casa dell'anima e dell'energia cosmica/dei Neteru) si possono trarre degli indizi dal corpo umano (la casa dell'anima). Il corpo umano è collegato da muscoli e via dicendo, ma vene e nervi non si interrompono nei punti di giuntura delle ossa dello scheletro. Nell'Antico Egitto, il tempio vivente era progettato allo stesso modo. Bassorilievi di tutte le dimensioni, così come i geroglifici, abbracciavano due blocchi adiacenti con assoluta perfezione. L'intento è molto chiaro: passare sopra le giunzioni di blocchi adiacenti (l'uno accanto o sopra l'altro).

I blocchi stessi erano uniti tra loro con un qualche tipo di sistema energetico/nervoso. Un flusso energetico continuo richiedeva modelli a incastro particolari. L'usanza di unire i blocchi prevalse in ogni tempio egizio lungo tutta la storia conosciuta dell'Antico Egitto. [Per maggiori informazioni si veda *Ancient Egyptian Metaphysical Architecture* o la versione precedente *Egyptian Harmony: The Visual Music*, entrambi di Moustafa Gadalla.]

## 7.5 IL POTERE DELLA PIRAMIDE

A scuola ci è stato insegnato che le piramidi non sono altro che tombe fatte costruire da faraoni tiranni, e che per costruirle venivano usati gli schiavi, che issavano queste grandi pietre su rampe temporanee. Non ci sono prove a sostegno di queste opinioni assai diffuse.

Esaminando i fatti, soprattutto quando si visitano le piramidi, si troverà che le comuni convinzioni su di esse sono così incredibilmente illogiche da suscitare dei dubbi.

In questa sede forniremo qualche informazione sul "potere della piramide". Molti ricercatori scoprirono che la forma piramidale aveva delle proprietà che la rendevano capace di poteri straordinari. Fecero degli esperimenti con vari oggetti, collocando ogni elemento nella stessa posizione della "Camera del Re", all'interno di un modello in scala di una piramide orientata correttamente. Scoprirono che materiali altamente deperibili si mantenevano, vecchie lame smussate di rasoio in acciaio di carbonio riacquistavano i loro bordi taglienti dopo una notte ecc. Molti conclusero che la causa fosse la stessa forma piramidale: c'era qualcosa che in qualche modo alterava i processi fisici, chimici e biologici che potevano avvenire al suo interno. Questa sperimentazione portò al fenomeno noto come "potere della piramide".

Il potere di queste piramidi egizie si avverte standone all'interno o all'esterno perché le loro configurazioni sono proporzionate in modo armonico.

Le piramidi erano armonicamente proporzionate per agire/funzionare come delle *serre,* ovvero per attirare e trattenere determinate energie. Nel caso della piramide egizia lo si dovrebbe chiamare effetto *"serra celeste"*

Il fenomeno dell'effetto serra determina la ritenzione del calore della luce solare sulla superficie terrestre, causata dall'anidride carbonica nell'atmosfera, che lascia passare le radiazioni a onde corte ma assorbe quelle a onde lunghe emesse dalla terra.

Nel caso dell'effetto *"serra celeste",* l'edificio trattiene l'energia orgonica. L'orgone proviene dallo spazio, ed è ciò che fa brillare le stelle e colora il cielo di blu.

Non è possibile esaurire il tema delle piramidi in poche pagine. *Per una* disamina *completa di questo argomento* si rimanda alla consultazione del libro *Alla riscoperta delle piramidi egizie* o all'edizione precedente: *Pyramid Handbook,* entrambi di Moustafa Gadalla.

# CAPIRE I MESSAGGI SULLE PARETI [EGIZIE]

## 8.1 LA CARATTERISTICA DELL'ARTE EGIZIA

L'arte, come qualsiasi elemento nella vita egizia, faceva parte del piano generale dell'uomo e dell'universo. Gli Egizi erano in grado di ridurre il loro ambiente universale a un sistema razionale e finito. L'arte possedeva pertanto un canone di proporzionalità a cui doveva conformarsi. Di conseguenza, la planimetria e l'altimetria di un edificio egizio, così come le statue ecc., riflettevano un ordine matematico particolare e significativo.

L'accurata definizione dei piani separati di questo universo cubico si manifesta in un'arte che è essenzialmente bidimensionale. Per rappresentare oggetti tridimensionali su una superficie piana, gli Egizi evitavano una soluzione del problema di tipo prospettico. Questo determinò l'utilizzo di un profilo bidimensionale, con l'eccezione di alcune parti del corpo come gli occhi e talvolta le corna.

Nella loro opera, gli artisti egizi proponevano l'idea degli oggetti piuttosto che la loro esatta realizzazione in un contesto spaziale. Il loro concetto creativo dell'arte è simile alle azioni creative di Dio. Per effetto della Parola di Dio (affermazione) è stato creato il mondo.

Allo stesso modo, ogni opera d'arte creativa, perfino una statua, possiede iscrizioni che ne descrivono l'azione o ne definiscono lo scopo, così come i nomi degli attori.

Inoltre ogni statua, dipinto, rilievo o edificio, una volta completato, doveva essere sottoposto al *rituale di apertura della bocca,* per garantirne la trasformazione da prodotto inanimato della manifattura umana in parte vibrante dell'ordine divino dotata di una carica di potere numinoso.

Il risultato finale è un'"arte" sbloccata, vibrante, dinamica, espressiva e attiva.

## 8.2 LE PARETI DINAMICHE (BASSORILIEVI)

Le sculture, i fregi e i dipinti egizi venivano accuratamente progettati secondo le leggi armoniche, geometriche e proporzionali.

Le pareti del tempio egizio erano ricoperte di immagini animate, tra cui i geroglifici, per facilitare la comunicazione tra il sopra e il sotto. La struttura degli antichi Egizi era solitamente un quadrato, che rappresentava il mondo manifesto (quadratura del cerchio).

Inoltre, la griglia quadrata stessa aveva il significato simbolico di mondo manifesto, che rendeva anche facile costruire i rettangoli di radice di 2, 3 e 5, da/dentro uno sfondo quadrato. Gli angoli dei quadrati e i rettangoli di radice erano definiti da incavi lungo il perimetro, o definiti accuratamente da linee incise.

La progettazione basata sui rettangoli di radice è chiamata ***progettazione dinamica generativa*** praticata soltanto dagli Egizi. Gli oggetti sacri e gli edifici degli Egizi possiedono delle geometrie che si basano sulla divisione dello spazio ottenuto con i rettangoli di radice e i loro derivati, come per esempio la proporzione aurea (o divina).

La composizione del bassorilievo egizio dimostra che il progettista proporzionava tanto l'immagine quanto i gruppi di geroglifici mediante l'applicazione a un quadrato di rettangoli quadrati roteanti. I contorni del quadrato principale sono accuratamente incisi nella pietra con piccole barre.

Praticamente tutte le immagini sulle pareti degli edifici egizi sono in forma di profilo, che indica l'azione e l'interazione tra le varie figure simboliche. Nelle forme si nota un'ampia varietà di azioni. Le raffigurazioni murali rivelano azioni molto attive e interattive con un sorprendente simbolismo.

Un esempio ricorrente è il modo in cui alcune figure vengono rappresentate con due mani destre o due mani sinistre. Una mano destra in movimento simboleggia l'atto di offrire. Una mano sinistra in movimento indica l'atto di ricevere. Quando il ruolo simbolico della persona è del tutto attivo, essa viene raffigurata con due mani destre. Quando il suo ruolo è del tutto passivo, ha due mani sinistre.

## 8.3 CONSAPEVOLEZZA COSMICA O ARTE MONDANA

Le scene di attività quotidiana, trovate all'interno delle tombe egizie, rivelano una correlazione forte e perpetua tra la terra e il cielo. Forniscono rappresentazioni grafiche di ogni tipo di situazione: la caccia, la pesca, l'agricoltura, i tribunali e ogni genere di arti e mestieri. Ritrarre queste attività quotidiane in presenza dei Neteru (dei, dee), o con la loro assistenza, ne indica la corrispondenza cosmica – una correlazione forte e perpetua tra la terra e il cielo.

Questa correlazione perpetua – consapevolezza cosmica – fu richiamata nel terzo libro dell'*Asclepius* (25) che rientra tra i testi ermetici:

*"...In Egitto tutte le operazioni dei poteri che governano e operano nel cielo sono state trasferiti qui in basso sulla Terra...*

*sarebbe più corretto dire che l'intero cosmo abita in [Egitto] come nel suo santuario...".*

Ogni azione, anche la più banale, aveva in un certo senso un atto cosmico corrispondente: arare, seminare, mietere, produrre la birra, dimensionare un boccale di birra, costruire navi, fare la guerra, giocare, erano tutti visti come simboli terreni delle attività divine. In altre parole, **per gli antichi Egizi e i Baladi ogni aspetto "fisico" della vita aveva un significato simbolico (metafisico). Ma anche ogni espressione simbolica aveva una consistenza "materiale". Come sopra così sotto, e come sotto così sopra.**

## 8.4 IL SIMBOLISMO

Per definizione, un simbolo non è ciò che rappresenta, ma quello per cui si pone, ciò che suggerisce. Un simbolo svela alla mente una realtà diversa da quello che è. Le parole trasmettono informazioni; i simboli evocano visioni.

Nei templi, gli antichi Egizi usavano simboli pittorici per rappresentare concetti metafisici. Come dice il proverbio, *"un'immagine vale più di mille parole".* Nella simbologia egizia, i ruoli precisi dei Neteru (dei/dee) vengono rivelati in molti modi: con l'abito, l'acconciatura, la corona, le piume, gli animali, le piante, il colore, la posizione, le dimensioni, la gestualità, l'oggetto sacro (per esempio il flagello, lo scettro, il bastone, l'ankh) ecc. Un simbolo scelto rappresenta quella funzione o quel principio su più livelli contemporaneamente, dalla più semplice e ovvia manifestazione fisica a quella più astratta e metafisica. Questo linguaggio simbolico rappresenta una ricchezza di informazioni fisiche, fisiologiche, psicologiche e spirituali nei simboli presentati.

## 8.5 SIMBOLISMO ANIMALE

Per gli antichi Egizi, ogni animale/uccello simboleggia e incarna certe funzioni e principi divini in un modo particolarmente puro e sorprendente. Perciò gli animali o i Neteru (dei/dee) con testa di animale sono espressioni simboliche di una profonda comprensione spirituale.

Nell'Antico Egitto, quando un animale è raffigurato per intero rappresenta una particolare funzione/attributo nella sua forma più pura. Quando un'immagine è raffigurata con la testa di animale, essa trasmette quella particolare funzione/attributo all'essere umano.

Prendiamo l'esempio del cane, che incarna l'essenza della guida spirituale. Il cane/sciacallo è noto per il suo affidabile istinto domestico, diurno o notturno. Il cane è molto utile nelle ricerche, ed è l'animale di riferimento come guida per i non vedenti. In quanto tale, è una scelta perfetta per condurre l'anima del defunto attraverso le regioni del Duat.

Nel ruolo metafisico di Anubi, il cane si riflette nella sua dieta. Il cane/sciacallo banchetta con le carogne, trasformandole in nutrimento benefico. In altre parole, Anubi rappresenta la capacità di trasformare i rifiuti in cibo utile per il corpo (e l'anima) – come nella procedura alchemica di trasformare il piombo in oro.

Diversi esempi di simbologia animale si trovano in *Egyptian Divinities: The All Who Are THE ONE* di Moustafa Gadalla.

## 8.6 I TRE RUOLI DI OGNI GEROGLIFICO

I segni pittorici degli antichi Egizi sono comunemente chiamati geroglifici, e comprendono un gran numero di simboli pittorici. La parola geroglifico significa segno sacro inciso (da hieros = sacro, glyphein = incidere).

Il concetto metaforico e simbolico dei geroglifici è stato unanimemente riconosciuto da TUTTI i primi scrittori che hanno parlato di questo argomento, come Plutarco, Diodoro, Clemente Alessandrino ecc.

Gli *Hieroglyphica di Orapollo* costituiscono l'unica vera trattazione sui geroglifici tramandata dall'antichità classica. L'opera è composta da due libri, uno contenente 70 capitoli, l'altro 119, ciascuno incentrato su un particolare geroglifico. Secondo Orapollo, le relazioni tra segno e significato erano sempre di natura allegorica, ed erano sempre sancite da ragionamenti "filosofici". Di conseguenza, ogni geroglifico ha una breve intestazione che descrive il geroglifico stesso in termini semplici, come per esempio "la spiegazione dell'immagine di un falco", oppure che indica la natura del soggetto allegorico da spiegare, per esempio "come significare l'eternità", o "come significare l'universo".

Anche Clemente Alessandrino, nel quarto capitolo del quinto libro degli *Stromata*, ci parla dei due principali ruoli (letterale e simbolico) dei geroglifici egizi, e di come il secondo (simbolico) contenga due ruoli: quello figurativo e quello allegorico [mistico]:

> *"I geroglifici egizi, di cui una specie si fa dei primi elementi ed usa i vocaboli in senso proprio, l'altra in senso simbolico. Della scrittura simbolica, una specie riproduce i concetti per imitazione; un'altra secondo rappresentazione figurata; e un'altra si esprime allegoricamente sotto forma di enigmi".*

[I] Per quanto riguarda il primo ruolo/soggetto, *per imitazione*, nel quarto capitolo del quinto libro degli *Stromata*, Clemente continua:

> *"Wishing to express Sun in writing, they make a circle; and Moon, a figure like the Moon, like its proper shape".*

[II] Sul secondo ruolo/soggetto, *rappresentazione figurata*, nel quarto capitolo del quinto libro degli *Stromata*, Clemente prosegue:

> *"Effigiano poi allegoricamente mercè trasposizioni e sostitu-*

*zioni basate sull'affinità, altre parole invece cambiando, altre trasformando in molte guise".*

[III] Sul terzo ruolo/soggetto, *allegoricamente*, nel quarto capitolo del quinto libro degli *Stromata*, Clemente continua dicendo:

*"Valga poi questo come esempio della terza specie mediante enigmi. Assimilavano gli astri a corpi di serpenti per il loro percorso obliquo, il sole invece a quello d'uno scarabeo, in quanto che, dopo aver foggiato una palla di sterco bovino, la rotola verso il suo viso. Dicono ancora di quest'animale che viva sei mesi sotto terra e l'altra metà dell'anno alla superficie e che generi proiettando il suo seme nella palla, e che non esista la femmina dello scarabeo".*

Clemente, come TUTTI gli scrittori classici dell'antichità, asseriva che i geroglifici egizi rappresentavano immagini vere della legge divina. Le relazioni tra segno e significato erano sempre di natura allegorica, ed erano sempre sancite da ragionamenti "filosofici".

Riassumendo, la scrittura simbolica degli Egizi tramite geroglifici si divide fondamentalmente in tre ruoli:

1) imitativo (un oggetto rappresenta se stesso),

2) figurativo (un oggetto ne rappresenta uno con le sue qualità) e

3) allegorico (un oggetto è collegato tramite processi enigmatici concettuali).

Infatti, queste categorie descrivono i rapporti tra le forme visive e il loro significato. Una forma visiva può essere di tipo mimetico o imitativo, se copia direttamente le caratteristiche dell'oggetto che rappresenta; può essere associativa, se suggerisce attributi che non sono presenti visivamente, come proprietà astratte impossibili da rappresentare in modo letterale; e infine può essere simbolica, ovvero acquista significato solo quando viene decodificata in base a convenzioni o sistemi di conoscenza che, pur non essendo intrinsecamente visivi, vengono comunicati attraverso mezzi di questo tipo.

Per ulteriori informazioni su questo argomento si veda *Il linguaggio metafisico dei geroglifici egizi* di Moustafa Gadalla.

9

# L'ESTENSIONE DELLA CIVILTÀ DELL'ANTICO EGITTO

### 9.1 L'ERA DELLA CIVILTÀ DELL'ANTICO EGITTO

Erodoto di aver appreso dai sacerdoti egizi che *"il sole due volte nascendo di là dove ora tramonta, e due volte tramontando, là dove ora sorge"*. Questa affermazione indica che gli antichi Egizi calcolavano la loro storia su più di un ciclo zodiacale di 25.920 anni.

La storia dell'Antico Egitto si protrasse per un ciclo zodiacale completo di 25.920 anni, più un ciclo zodiacale parziale tra il 10948 a.C. [data di inizio del nostro ciclo zodiacale attuale] e la fine dell'Era dell'Ariete, quando l'Antico Egitto perse la sua indipendenza. Perciò, l'età dell'Antico Egitto è pari a 36.720 anni [25.920 + (10.948 – 148)].

Che la civiltà dell'Antico Egitto abbia più di 36.000 anni e, per estensione, che la vita sulla Terra abbia la stessa età, va contro le credenze dei cristiani/occidentali. Di conseguenza, è stato sempre ribadito che il faraone Mena (XXXI secolo a.C.) è noto per aver "unificato l'Egitto" e iniziato la civiltà dell'Antico Egitto.

La cronologia dei faraoni dell'Antico Egitto, dai tempi di Mena, proviene principalmente da Manetone, vissuto nel III secolo a.C. Il lavoro di Manetone è andato perso: di questo testo rimangono solo i commenti di Sesto Giulio Africano [221 d.C. circa] ed Eusebio di Cesarea [264-340 d.C. circa].

Secondo Eusebio, Manetone attribuì una grande antichità all'Egitto dei faraoni, datando l'Antico Egitto con un'età di 36.000 anni, il che è coerente con i racconti di Erodoto. Questo concorda in generale con altri racconti e ritrovamenti probatori, come quelli di Diodoro Siculo [Diodoro I, 24] e il documento degli antichi Egizi noto come il Papiro di Torino, originale risalente alla XVII dinastia [1400 a.C. circa].

Anche le prove fisiche supportano questa remota antichità dell'Antico Egitto – nonostante il fatto che così tanti reperti archeologici, provenienti da tempi così lontani, siano seppelliti molto al di sotto degli attuali livelli delle falde, a causa del fenomeno dell'innalzamento della valle del Nilo, laddove la sedimentazione, dovuta alle esondazioni annuali del fiume, aumentava continuamente l'elevazione del terreno e, di conseguenza, i livelli della falda acquifera.

Rimangono le testimonianze di molti testi, templi e tombe dell'Antico Egitto che avvalorano i racconti degli scrittori greci e romani. I templi di tutto l'Egitto, per esempio, sembrano essere stati originariamente costruiti molto prima della "storia dinastica". I testi incisi nelle cripte del tempio di Hathor a Dendera indicano chiaramente che il tempio, restaurato durante l'epoca tolemaica, si basava su disegni risalenti al re Pepi della VI dinastia (2400 a.C.). I disegni stessi sono copie di documenti che sono migliaia di anni più vecchi del periodo dei *Seguaci di Horus*. [Per spiegazioni più ampie e dettagliate su questo argomento si veda il libro *Ancient Egyptian Culture Revealed* di Moustafa Gadalla.]

## 9.2 IL PIÙ POPOLATO, RICCO E INFLUENTE

L'Egitto era il Paese più dominante, popoloso e famoso del mondo antico, come affermato da Diodoro nel *Libro I* [31, 6-9]:

*"Esso era il paese più popolato di quante terre del mondo mai fossero cognite; ed ora non è in popolazione inferiore a nessun'altra".*

All'apparenza l'Antico Egitto sembra isolato e distinto dal resto del mondo, separato dai deserti che delimitano la stretta valle del Nilo. Eppure gli Egizi erano costantemente in contatto con gli altri Paesi. Scrittori classici come Plutarco, Erodoto e Diodoro raccontarono come l'Antico Egitto avesse colonie pacifiche in tutto il mondo. Nel *Libro I* [29, 5] Diodoro afferma:

*"In generale, confermando gli Egizi che da lor maggiori molta gente fu mandata in colonie in assaissime parti del mondo; tanta essendo stata in addietro la magnificenza de' loro re, e la moltitudine del popolo".*

Sempre Diodoro, nel *Libro I* [28, 1-4], racconta di alcune pacifiche colonie egizie in Asia e in Europa di cui gli avevano riferito:

*"...molte colonie furono dall'Egitto diffuse pel mondo. Belo, figliuolo come si crede, di nettuno e di Libia, ne condusse una nella Babilonia...".*

*"...dall'Egitto parimente uscito Danao, popolò gli abitanti Argo, che può dirsi la più antica città della Grecia. Alcuni dissero, che dall'Egitto pure uscì la nazione de' Colchi sul Ponto, e quella de' Giudei frapposti agli Arabi, e ai Siri...".*

Grazie alla loro eminenza, i colonizzatori egizi in Asia ed Europa giocarono un ruolo importante nei Paesi in cui posero i loro nuovi insediamenti. Diodoro, nel *Libro I* [28,6-7], parla del ruolo significativo dei colonizzatori egizi che governavano queste nuove colonie.

Infine, va notato che i documenti dell'Antico Egitto (così come quelli di altre aree) riportano innumerevoli nomi di luoghi nel mondo che oggi non sono più identificabili. I nomi di luoghi, gruppi etnici e Paesi continuano a cambiare. I nomi che i Paesi europei avevano solo un centinaio di anni fa, per esempio, risultano irriconoscibili alla maggior parte degli europei odierni. Alla fine, quando fra alcuni secoli queste documentazioni spariranno, i nomi di tali Paesi saranno del tutto irriconoscibili.

In molte località del mondo si fa riferimento a persone abbronzate/di pelle scura che portarono l'illuminazione nelle regioni di tutto il mondo. Esse vengono descritte come persone:

1. di origine e con caratteristiche "orientali";

2. che non amano la guerra, e si stabilivano pacificamente nella popolazione locale;

3.altamente avanzate nella metallurgia, e che hanno realizzato grandi quantità di prodotti metallici;

4. molto organizzate e con molto talento nel comando;

5. molto avanzate per quanto riguarda la coltivazione nel clima arido, l'irrigazione ecc.

6. esperti costruttori e artigiani, che hanno costruito tombe megalitiche ecc.

7. molto religiose, con credenze animistiche.
Queste descrizioni si possono applicare a un solo Paese: l'Egitto.

La migrazione dall'Egitto si verificò in diverse ondate e fu strettamente legata agli eventi dell'Antico Egitto. Alcuni se ne andarono in tempi di prosperità per perseguire contatti commerciali. La maggioranza se ne andò in periodi di tensione.

Per ulteriori informazioni sulle ondate della migrazione egizia verso l'Africa subsahariana e interna, si veda *Exiled Egyptians: The Heart of Africa* di Moustafa Gadalla.

Per ulteriori informazioni sulle ondate di migrazione egizia verso la penisola iberica, si veda *Egyptian Romany: The Essence of Hispania* di Moustafa Gadalla.

1

# BIBLIOGRAFIA

---

Badawy, Alexander, *Ancient Egyptian Architectural Design*, Los Angeles, CA, USA, 1965

Baines, John and Jaromir Málek, *Atlas of Ancient Egypt*, New York, 1994

Ed. ita. Baines, John e Jaromir Málek, *Atlante dell'antico Egitto*, Istituto Geografico De Agostini, 2001

Budge, Sir E.A. Wallis, *Egyptian Language, Easy Lessons in Egyptian Hieroglyphics*, New York, 1983

Ed. ita. Budge, Sir E.A. Wallis, *La lingua egiziana*, REA Editore, 2012

– *Osiris & The Egyptian Resurrection*, 2 volumi, New York, 1973

– *The Gods of the Egyptians*, 2 volumi, New York, Dover, 1969

De Cenival, Jean-Louis, *Living Architecture*, traduzione di K. M. Leake, New York, 1964

Diodoro Siculo, *Books I, II, & IV*, traduzione di C. H. Oldfather, London, 1964

*Egyptian Book of the Dead (The Book of Going Forth by Day)*, The Papyrus of Ani, USA, 1991

Erman, Adolf, *Life in Ancient Egypt*, New York, 1971

– *The Literature of the Ancient Egyptians*, traduzione di A. M. Blackman, London, 1927

Erodoto, *The Histories*, tr. A. de Selincourt, New York and Harmondsworth, 1954

Ed. ita. Erodoto, *Storie*, Mondadori, 2000

Gadalla, Moustafa

– Vedi lista delle pubblicazioni alla fine di questo libro

Iversen, Erik, *The Myth of Egypt & Its Hieroglyphs*, Copenhagen, 1961

James, T.G.H., *An Introduction to Ancient Egypt*, London, 1979

Kastor, Joseph, *Wings of the Falcon, Life and Thought of Ancient Egypt*, USA, 1968

Piankoff, Alexandre, *Mythological Papyri*, New York, 1957

– *The Litany of Re*, New York, 1964

– *The Pyramid of Unas Texts*, Princeton, NJ, USA, 1968

– *The Shrines of Tut-Ankh-Amon Texts*, New York, 1955

Platone, *The Collected Dialogues of Plato including the Letters*, E. Hamilton & H. Cairns, New York, USA, 1961

Plotino, *The Enneads*, 6 volumi, traduzione di A. H. Armstrong, London, 1978

Plutarco, *Plutarch's Moralia*, Volume V, traduzione di Frank Cole Babbitt, London, 1927

Strabone, *The Geography of Strabo*, traduzione di Jones, Horace Leonard, London, 1917

Ed. ita. Strabone, *Geografia*, BUR, 1988

Wilkinson, J. Gardner, *The Ancient Egyptians: Their Life and Customs*, London, 1988